LES 4 ÉPOQUES,

FRAGMENT HISTORIQUE.

LES 4 ÉPOQUES,

FRAGMENT HISTORIQUE.

Par M. BURTIN, *Avocat.*

Attendite à falsis Prophetis, qui veniunt ad vos in vestimentis ovium, intrinsecùs autem sunt lupi rapaces.

A fructibus eorum cognoscetis eos.

S. Matth. c. 7. v. 15 et 16.

A LYON,

J.-M. BOURSY, IMPRIMEUR, RUE POULAILLERIE.

28 AOÛT 1815.

PREFACE.

Quelle folie ! placer une Préface en tête d'un Opuscule de quelques pages ! cela ne s'est jamais fait ; quelque laconique que soit cette Préface, elle sera toujours plus longue que l'Ouvrage. — C'est précisément parce que cela ne s'est jamais fait, qu'il en faut une. Sera-t-on toujours esclave de l'usage ? faudra-t-il sans cesse suivre péniblement le sentier tracé par d'autres ? Non, il n'en sera pas ainsi, et j'y placerai une Préface. Si l'Ouvrage est mauvais, il aura au moins ce caractère d'originalité.

Je dois instruire le Public de quelques faits qui ont précédé sa confection, et du but que l'on se propose en le mettant au jour.

J'avais débuté ainsi :

Je chante ce Héros, Magistrat de la cité de Lyon, qui..... Et, après avoir écrit sur le même ton et dans le même style quelques pages, je les soumis à la censure d'un Ami, en lui demandant un avis sincère..... Quoi ! s'écrie cet Ami, vous chantez ! et de quel droit ? êtes-vous agrégé au sacré Collége ? Quel préambule ? quel début étonnant ? Y pensez-vous ? Auteur éphemère ! homme ignoré et ignorant ! soutiendrez-vous ce brillant essor ? S'exprimer ainsi, c'est chausser le cothurne, c'est emboucher la trompette héroïque, c'est enfin se servir d'un langage exclusivement consacré à l'Epopée. Pour se soutenir sur le même ton, il faudra des invocations et des imprécations, appeler à votre secours toutes les déités, tous les esprits infernaux, faire jouer enfin tous les ressorts du Mélodrame. Si l'immortel Père de la poésie n'a pas toujours soutenu le sublime, puisqu'on lui fait le reproche de dormir quelquefois, n'est-il pas évident que votre Opuscule, n'eût-il qu'une page, sera, dans toute son exiguité, une potion somnifère ?

Le conseil n'était pas dans le style du jour, il renfermait de dures vérités, néanmoins il fut adopté. Entraîné par la beauté du sujet, séduit par les vertus de mon Héros, je m'abandonnai à mon premier mouvement. Je ne croyais pas que ce simple mot Je chante, fût par lui-même si magique, qu'il fît contracter, à celui qui le prononçait, tant et de si grandes obligations.

Plaçant (pour me servir d'une expression moderne , car il faut payer un tribut aux nouveautés), plaçant, dis-je, un éteignoir sur mon imagination , j'abandonne le vaste champ des illusions, et je deviens , dès ce moment , Historien fidèle d'un très-brillant sujet.

Quel est votre but , me dit cet Ami ? C'est , quoiqu'Historien , d'imiter les Fabulistes qui, après avoir fait agir et parler les bêtes , en tirent une moralité pour l'instruction des hommes ; de même , après avoir fait agir et parler mon Héros , j'en tirerai une morale utile au petit nombre de personnes moins éclairées que moi. Si je paye le tribut aux auteurs supérieurs , n'est-il pas dans l'ordre qu'on me le rende ?

LES 4 ÉPOQUES,

FRAGMENT HISTORIQUE.

§. I.

Une Société de gens de lettres vient de publier un Ouvrage, en forme de Dictionnaire, contenant quelques faits et écrits des Personnages illustres qui ont paru sur la scène de la France dans les différentes phases de notre trop célèbre révolution.

En le lisant, on demande pourquoi cet Ouvrage, assez volumineux, ne fait mention que des hommes célèbres de la capitale, tandis qu'une multitude d'autres personnes des départemens doivent y être placées.

On réclame principalement cette insertion pour M. Rambaud, procureur-général impérial ou royal de Lyon, qui y mérite une place de distinction. Ses titres d'admission seront incontestables lorsqu'on aura connaissance des faits authentiques que l'on va préciser.

Les actions et les discours des fonctionnaires publics du 1.er, 2.e, 3.e, 4.e ordre et à l'infini, dans les temps orageux des commotions politiques qu'il était réservé aux Magistrats d'un ordre supérieur, et à lui, d'éclairer et de diriger l'opinion publique, qui devenait vacillante, *qu'il n'y avait et ne pouvait y avoir en France d'autres souverains légitimes que Buonaparte et sa dynastie ;* qu'il protestait, dans ce moment où il pouvait y avoir danger à le faire, de son dévouement, jusqu'à la mort, pour Buonaparte et sa dynastie ; et, après un assez long discours sur le même ton et dans le même sens, il conclut par demander acte au Président du nouveau serment qu'il prêtait à Buonaparte et à sa dynastie, *en face des armées ennemies.* Ce sont, on en est très-mémoratif comme présent à cette grande scène, ce sont ses expressions.

Puis, proférant de suite la formule du serment, il lui en fut donné acte par Monsieur le premier Président de la Cour.

La vérité qui, dit-on, est la première qualité d'un historien, nous oblige de convenir que cet illustre exemple n'eut aucun imitateur parmi les Magistrats de la cour, qui donnèrent acte à Monsieur Rambaud du nouveau serment ainsi prêté *en face des armées ennemies.*

Quelle action extraordinaire ? quel acte

sublime de courage et de dévouement ? Sans contrainte, *ex abrupto* , dans le moment d'un danger imminent , et enfin *en face des armées ennemies,* s'unir au héros chancelant, se livrer à une mort certaine, c'est un acte vraiment héroïque et unique dans son genre et dans son mode!

Après un tel éclat , tout lecteur comparera Monsieur le Procureur - général impérial de Lyon à ces célèbres Magistrats des Parlemens, qui montrèrent tant de courage dans nos dissensions civiles, à ces Consuls qui se vouèrent à la mort , à la tête de leurs armées, pour le salut de la république , ou enfin , et ce qui paraîtrait y avoir plus de rapport, à ces sénateurs Romains qui moururent , de l'épée des Gaulois, sur leur chaise curule.... Erreur.... erreur.... erreur....! M. Rambaud , procureur-général impérial de la Cour de Lyon, est incomparable : et c'est lorsque l'on est incomparable que l'on parvient au sublime.

Tranquillisez-vous néanmoins sur son sort : quoiqu'il eut déclaré, en termes formels , qu'il prêtait son serment en face *des armées ennemies,* la vérité est qu'elles étaient, au moins, à la distance de vingt lieues. Il y eut donc sécurité complette pour l'auteur de ce serment extraordinaire , parce que, d'une part, les armées ennemies n'eurent jamais connaissance d'un fait *d'une si haute importance*; que, de l'autre, ce serment ne leur a pas occasionné la plus légère perte.

Quelques personnes ont pensé que la multiplicité des sermens enlevait une partie de la force et du respect religieux qui doit les accompagner sans cesse. Il est à présumer que ce grand Magistrat n'a pas la même opinion, et l'on doit penser que dès le moment qu'il a prêté un serment public, et de son propre mouvement, il a eu connaissance parfaite de toute l'étendue des obligations qu'il contractait.

Mais enfin, après une action si éclatante, que devint ce célèbre Magistrat avant et après l'occupation de Lyon par les armées ennemies? Quoique la question soit naturelle, on se trouve très-embarrassé pour y répondre.

On dit que plusieurs jours avant la capitulation, il se retira dans une campagne à sept ou huit lieues de Lyon, à l'opposite des armées ennemies; qu'en sécurité dans cette retraite, il y resta même après que le Roi fût reconnu et proclamé dans Lyon; et tout le monde a pu remarquer, dans les relations imprimées de ce grand événement, que le nom de M. Rambaud n'y figurait point à côté de ceux de ses collègues du Conseil municipal, qui donnèrent au Roi, non sans danger, cette marque de dévouement.

Serait-ce une calomnie (tous les grands hommes y furent assujettis) ? En effet, comment allier ces actions d'éclat, ce serment prêté publiquement, avec une si puérile conservation de sa personne ? Ce qu'il y a de certain , c'est qu'il ne parut en public qu'après la capitulation, et qu'il n'a pas coopéré à la délibération du Corps municipal qui s'empressa de proclamer le Roi.

———

§. III.

Seconde Époque.

Ne nous occupons plus de la première époque. Le Roi a paru, tout est oublié; il le veut ainsi, et il faut s'y conformer : les motifs de cet oubli sont puisés dans son cœur généreux.

Plus un homme aura agi pour Buonaparte, plus il agira pour moi , disait ce vertueux Monarque. Les actions d'éclat des militaires et les services signalés des fonctionnaires publics deviennent des gages assurés de leur conduite future à mon égard , répétait-il.

Partant de ce principe , presque tous les hommes de Buonaparte devinrent ceux du Roi. A ce titre, M. Rambaud lui appartenait plus que personne.

On doit rendre justice à Monsieur Rambaud, procureur-général de la Cour royale de Lyon : comme il avait beaucoup fait pour Buonaparte, oubliant tout, il agit de même pour le Roi dont il devint, dès ce moment, un zélé partisan. Il s'empressa de lui prêter publiquement le serment de fidélité. Tous ses discours ne renfermèrent que des principes purs et analogues à cette nouvelle situation. Enfin, ces principes furent si publics et si évidens pour tous, que le Corps municipal crut ne pas mieux choisir, qu'en le chargeant de porter à Vichi l'expression de ses vœux auprès de Madame la Duchesse d'Angoulême.

Déjà on entend quelques mécontens fronçant le sourcil, faire des rapprochemens, et dire : comment charger, coup sur coup, la même personne de deux députations si diamétralement en opposition? offrir à Buonaparte des hommes et de l'argent, et complimenter Madame la Duchesse d'Angoulême! Comment enfin a-t-on pu prêter, en moins de deux mois, deux sermens si contradictoires? Eh ! Messieurs, il n'est pas permis de faire des observations ni des rapprochemens, sans manquer à l'ordre donné.....
Le Roi a tout oublié.

§. IV.

§. IV.

Troisième Epoque.

Ici, changement subit de scène, aussi rapide qu'à l'opéra. Un météore enflammé part de l'île d'Elbe et traverse la France. Les uns le prennent pour un nouvel astre bienfaisant ; d'autres considèrent que son explosion réalisera, sur la France, l'ouverture de la boîte de Pandore. Sur-le-champ, et comme par enchantement, cette divergence d'opinions sur le météore et ses effets, divise la France en deux, et par départemens et par famille.

Bref, Buonaparte est à Lyon. Aussitôt, et sans éclat, Monsieur le Procureur-général lui rend une première visite où il lui demande, en sa qualité de Chef de la justice à Lyon, ce que l'on doit faire des personnes incarcérées pour des cris de *vive l'Empereur*, et des écrits contraires au gouvernement du Roi.

Voilà du zèle bien entendu, voilà ce qu'on appelle vulgairement connaître son monde, et savoir faire sa cour. On s'attend à la réponse de Buonaparte, et à la célérité de M. le Procureur-général à faire exécuter ses ordres.

Le lendemain, Dimanche matin, affublé de

la grande robe rouge , revêtu de la simarre et de l'hermine, toque en tête , M. le Procureur-général se rend à l'audience publique du Souverain de l'île d'Elbe. Il s'y rend avec ce courage et cette énergie que l'on a déjà cités et admirés ; il s'y rend, semblable à un preux chevalier, armé de toutes pièces et plein de valeur , qui s'élance dans l'arène.

Là, il métamorphose, de son autorité privée, le petit Souverain de l'île d'Elbe en grand Empereur des Français , et lui prodigue toutes les épithètes déjà trop connues et analogues au sujet dont il est si vivement pénétré.

Comme M. le Procureur-général a l'initiative et le droit de requérir tous les Tribunaux, il use pleinement de son pouvoir ; il requiert, il exige impérieusement de tous les Tribunaux de Lyon , un nouveau serment de fidélité.

C'est en vain que la majorité des Magistrats lui fait des observations sur une telle mesure qui leur paraît au moins prématurée , et entraîner de graves conséquences. Il tonne, il fulmine, il menace les récalcitrans ; enfin il requiert, et il est obéi.

Buonaparte était à peine sorti de Lyon que, grâces aux démarches de Monsieur le Procureur-général , ce serment public était fait.

On a vu , par les époques précédentes, combien Monsieur le Procureur-général aimait à prêter ou renouveler des sermens publics. Son zèle, dans cette circonstance, ne doit pas surprendre.

La Constitution paraît, et, avec elle, ses articles additionnels.

Articles additionnels dont la perfide contexture présentait un double crime envers le Souverain légitime et la Nation ! Quelle ridicule précaution contre le légitime Souverain et son auguste Famille ! Cette excessive précaution suffisait seule pour éclairer les moins érudits sur le droit exclusif des Bourbons au trône : *Nimia præcautio dolus.*

On est obligé d'en convenir, Monsieur le Procureur impérial a signé la Constitution (1) et ses

----

(1) Presque tous les faits relatifs à M. Rambaud sont communs à son premier Lieutenant, M. François-Marie-Nicolas Maret, procureur impérial du tribunal de première instance de Lyon, mais à un degré bien supérieur pour l'élévation, qui étoit au moins d'une octave.

C'est sous le règne du Roi, et uniquement par les bienfaits du Roi, que M. Maret a été décoré de la croix de la Légion d'honneur. O sublime effet de la reconnaissance sur les grandes ames ! On peut juger avec quel zèle il a servi son bienfaiteur et son Roi.

Qui analysera dignement ses nombreux discours, et citera les termes de cette Affiche, par laquelle il engageait tous les citoyens à signer au Greffe les articles

articles additionnels, il l'a fait avec le même courage et le même zèle que lorsqu'il a proféré son serment public en présence des armées ennemies.

Une association fédérative s'établit du nord au midi. Son but apparent était celui des Vestales, (2) d'entretenir et d'alimenter sans cesse le feu sacré.... Mais ce feu, s'il n'eût été promptement éteint, aurait bientôt allumé, sur tous les points de la France, les torches de la guerre civile, et brûlé le fédéré avec l'opposant.

---

additionnels ? Quelques critiques prétendent qu'ils étaient empreints d'une forte teinte de 1793. On invite donc les Amateurs à se les procurer pour en juger par eux-mêmes.

« J'enverrai au Ministre, disait-il, tous les noms des » Avoués qui ne signeront pas. » Et, malgré ces menaces, ce Corps s'est refusé à la signature.

Fédéré jusqu'à l'exaltation, M. Maret s'écriait, en partant pour le Champ de Mai : « Non, jamais le Roi » ne reparaîtra sur son trône ; il faudrait marcher sur les » corps sanglans de 500 mille héros. »

Espérons donc que, pour le célébrer dignement, M. Maret trouvera un Historien qui, ayant quelque analogie avec lui, sera sans jalousie, sans haine et sans passion.

(2) Depuis quelque temps on prodigue, à MM. les Fédérés, des épithètes injurieuses. On conviendra que, les comparer aux Vestales, antique objet de vénération, ce n'est pas suivre les mêmes traces.

Le nom de Monsieur le Procureur - général impérial a figuré publiquement parmi les chefs de cette extraordinaire association.

Quelques jaloux de la gloire et des hauts faits de Monsieur Rambaud ont prétendu qu'il n'avait jamais assisté aux séances publiques de la Fédération : cela est possible ; mais ce n'est pas à son insu que son nom a été affiché publiquement et de tous côtés, dans la ville de Lyon, comme un des Administrateurs de cette société. Quel est l'homme assez audacieux pour insérer, sans son consentement, le nom d'un Fonctionnaire public dans une affiche, comme Administrateur d'une société ? Certes, si cet insigne honneur n'eût pas convenu à Monsieur le Procureur-général, qui habitait Lyon dans le moment, il aurait, sur-le-champ, rendu public son refus d'y participer.

Disons-le : de plus grands intérêts exigeaient sa présence sur un autre point. On ne parlait de toutes parts, que du Champ de Mai, du renouvellement de cette antique Assemblée de nos aïeux. Les journaux, anticipant sur l'avenir, et traçant le tableau des immenses préparatifs, en faisaient une pompeuse description. Ce Champ de Mai devenait, pour l'Histoire et pour tous les adeptes, une époque mémorable. Monsieur le Procureur-général impérial, en sa qualité d'Electeur, avait le droit d'y assister, il s'empressa donc de remplir un devoir si sacré. Ainsi, le premier mouvement de rotation étant imprimé à la Fédération de Lyon par ses soins et son nom, Monsieur le Procureur-général partit de suite pour la Capitale. C'est du zèle, sans doute, c'est savoir se multiplier à propos.

Que d'évenemens en moins de deux mois ! Deux visites à Buonaparte lors de son passage, l'une particulière et l'autre publique, un serment public plus prompt que la course du Héros. Mais était-on dégagé du serment prêté au Roi ? Plaisante question : il s'agit bien ici de principes et de morale, il faut des actions exécutées avec célérité, et délibérer n'est point agir.

Organiser enfin une Fédération, et assister au célèbre Champ de Mai : on le répète, que d'évenemens en moins de deux mois !

§. V.

Quatrième Époque.

Une crise épouvantable s'annonçait de toutes parts. L'embrasement, bientôt général, devait opérer, au bout de quelques mois, la destruction des habitations et de la population sur le sol Français.

En trois jours le colosse est renversé, l'hydre aux sept têtes est anéanti. Enfin, son abdication devient le dernier coup de massue, en jetant une anarchique confusion sur ses nombreux Séides.

Ici toutes les probabilités humaines sont en défaut. O Providence ! qui, à ces traits, peut méconnaître ton influence divine ? *Transivi, et ecce non erat.*

Pour la seconde fois, la France reconnaît son légitime Souverain.

Après cet événement mémorable, Monsieur le Procureur-général revient à Lyon, il s'empresse d'annoncer, en public comme en particulier, les sentimens les plus purs d'un zèle sans borne au Monarque ; il parle avec effusion de cœur des vertus du Roi, de la haute considération que lui portent tous les Souverains de l'Europe, qui, uniquement par sa médiation en sa faveur, ne toucheront pas à l'intégrité du royaume. Non content d'avoir convaincu ses concitoyens de la vérité de ses principes, il vient de se rendre à Paris, pour porter jusques aux pieds du trône l'expression de ses vœux, et du dévouement le plus absolu au Monarque et à son auguste Famille.

L'unique ambition de M. le Procureur-général, dans ce moment, est d'obtenir un regard favorable du Souverain ou de ses Ministres, afin d'être admis à l'honneur d'un quatrième serment public : cela devient pour lui le *nec plus ultrà* de la faveur.

En effet, on est mémoratif que ce Magistrat a une passion pour les sermens publics, puisqu'il en prononce à l'audience, de son propre mouvement et sans ordre. Ce sera, au moins, le vingtième depuis 1789 ; mais celui-ci devient indispensable pour le complément de son histoire.

Les trois Époques précédentes ont été accompagnées du serment public. On se trouve à la fin de la quatrième : quelle étrange lacune s'il n'arrivait pas ?

Ainsi, nos quatre Époques renferment un espace de 18 mois. Ce sera donc quatre sermens publics dans un si court intervalle..... quel honneur !... On peut le comparer à ces illustres Romains qui , dans leurs titres , faisaient l'énumération du nombre de leurs Consulats. On engage donc Monsieur le Procureurgénéral à donner au public l'historique de ses nombreux sermens publics comme preuve irréfragable de ses services , d'en faire l'énumération sur ses titres de Baron , afin que ses descendans , ne dérogeant jamais, puissent imiter un si grand modèle.

Quelle belle épitaphe à placer un jour sur sa tombe !

> Ci-gît qui sans infidélité ,
> Prêta vingt sermens de fidélité.

S'il fut toujours fidèle , s'écriera le passant , un seul serment eût suffi...... Il fut toujours fidèle au parti le plus fort.

* * *

MORALE.

L'Histoire et l'Apologue tendent au même but : l'instruction publique. On termine toujours l'Apologue par une moralité : pourquoi, malgré un usage contraire , ne terminerait-on pas cette petite Histoire par une moralité qui ait pour but l'instruction de tous ?

Il est , dans certaines parties , des points d'une évidence tellement reconnue , qu'ils sont devenus *vérité démontrée* , et que l'on ne s'en écarte jamais sans tomber dans le ridicule ou sans commettre de graves erreurs.

Par exemple , ces Savans de l'antiquité, ces hommes modernes d'un genie supérieur, cet immortel Buffon enfin , voulant remonter à l'origine des choses, ont présenté des opinions délirantes, dignes de l'hospice des fous. Aussi, ces nombreuses conceptions, depuis les atômes jusqu'aux couches de terre vitrifiées par l'ardeur du soleil, ces systêmes ridiculement ingénieux sont venus se briser avec éclat en présence de ces deux seuls mots de la Genèse : *Deus creavit.* On se demande avec étonnement , pourquoi ces grands Hommes ont pu allier le sublime de leurs immortels ouvrages avec ce ridicule contenu dans leurs systêmes : c'est que , sur ce point, ils ont méconnu la *vérité démontrée :* un Dieu.

Pour le gouvernement Monarchique, on a une vérité également démontrée, adoptée par la généralité des peuples anciens et modernes, policés et même non policés : c'est la légitimité d'un Souverain et l'ordre de sa succession irrévocablement fixé dans sa famille.

La Pologne seule adopta un autre système : quel en fut le résultat ? Des guerres civiles continuelles , et sa destruction. Vingt - cinq ans de malheurs, qui ont failli nous assimiler à la Pologne, suffiront sans doute pour prouver à la France que l'on ne s'écarte pas, sans les plus grands dangers et sans éprouver des maux incalculables, de la *vérité démontrée* pour un gouvernement Monarchique.

C'est principalement dans le temps mémorable de nos quatre Époques, que tous les maux sont venus fondre sur notre patrie.

Deux fois le vaisseau de l'Etat a été jeté sur d'affreux écueils par un pilote plus qu'audacieux; deux fois les seules vertus du Roi ont suffi pour le remettre à flot. Ah! sans contredit, de telles secousses ne s'opèrent pas sans un froissement général! Profitons donc de notre fatale expérience pour revenir de bonne foi au point d'où nous sommes partis : pour reconnoître qu'il est de l'intérêt de tous que le gouvernail soit confié au seul que l'antique loi de nos ancêtres indiqua : les vertus du Roi, la reconnaissance et notre intérêt nous en prescrivent l'impérieuse obligation.

Que, dès ce moment, tout novateur soit accablé de malédictions publiques. Il ne présente un mieux idéal et chimérique que pour jeter l'Etat dans des maux réels.

Si, dans les lieux publics ou dans les conversations particulières, il se trouve encore un homme assez audacieux pour calomnier le chef de l'Etat et sa respectable Famille , que tous lui imposent silence , en lui disant avec énergie : Taisez-vous, vil calomniateur , Zoïle infâme, taisez-vous ; c'est par de tels discours , c'est en calomniant ainsi le vertueux Louis XVI, son auguste Epouse et sa Famille, que l'on est parvenu à extirper, du cœur des Français, cet amour pour leur Roi qui était naguère la force et la prospérité de l'Etat ; c'est à de tels discours et à des écrits de cette nature que la révolution a dû son germe et son développement... Respectez donc le chef de l'Etat , ou gardez le silence : c'est dans ce respect que se trouve le salut de tous.

Revenant à notre sujet , on demandera encore comment un Magistrat qui doit être versé dans l'étude des lois, et savoir distinguer le juste d'avec l'injuste , a pu se jeter dans des contradictions si étonnantes, et donner à ses concitoyens l'exemple d'oscillations si ridicules?... La réponse est facile, c'est qu'en le comparant aux génies supérieurs dont nous avons parlé plus haut, il a , dans sa partie, méconnu la *vérité démontrée* : un Roi légitime pour une Monarchie.

Instruit par l'expérience, Monsieur le Procureur - général la reconnoît aujourd'hui, cette *vérité.* Son zèle et ses démarches prouvent sa bonne foi. Félicitons-le de ce retour : il n'est jamais trop tard pour faire le bien. Dès ce moment soyons tous Français , qu'il n'y ait plus entre nous de distinction et de dénomination.

D'un côté, l'immortel décret du Roi qui a créé en France l'unité du ministère , auquel on n'a pas assez fait attention , décret qui doit avoir tant d'influence sur les événemens futurs ; de l'autre, l'organisation des deux grands Corps de l'Etat qui s'opère avec célérité , donnent la certitude que la France aura un Gouvernement aussi libéral que possible dans une Monarchie.

Quel contraste de conduite avec celle de l'homme qui a prouvé, pendant plusieurs années , qu'il ne voulait que le gouvernement des despotes de l'orient , où la volonté fantastique du Souverain est la loi suprême et unique.

Mais, diront quelques personnes, les esprits sont encore fortement agités ; n'avons - nous pas à craindre de nouvelles secousses ?.... A la tempête succède le calme ; et souvent on a vu les règnes les plus orageux dans l'origine , devenir les plus brillans. L'Histoire de France , dans des temps peu éloignés de nous, en offre deux exemples.

Henri IV , modèle des Rois , fut obligé de combattre ses sujets égarés ; néanmoins il en

fut le père, et tous versèrent des larmes su
sa mort cruellement prématurée. Lors de
minorité de Louis XIV , l'Etat éprouva d
secousses, et toutes les passions furent e
jeu ; cependant son règne fut brillant ; et , sou
le rapport des sciences et des arts , on le con
pare au siècle d'Auguste.

La Patrie et le Roi , ou le Roi et la Patri
Que les Français ne divisent jamais ces de
mots , et bientôt ils éprouveront , sous
gouvernement de Louis-le-Desiré , tous l
avantages des deux règnes que l'on vient (
citer , et M. Rambaud pourra s'en tenir a
serment qu'il offre sans doute de prêter.

VIVE LE ROI !